QUE DEVIENDRA

LA FRANCE?

Imprimerie de HENNUYER et Cᵉ, rue Lemercier, 24. Batignolles.

QUE DEVIENDRA LA FRANCE?

PENSÉES

SUR LA SITUATION ACTUELLE

PAR

M. KÉRATRY

Représentant du peuple.

..... Dicere verum
Quid vetat? (HOR.)

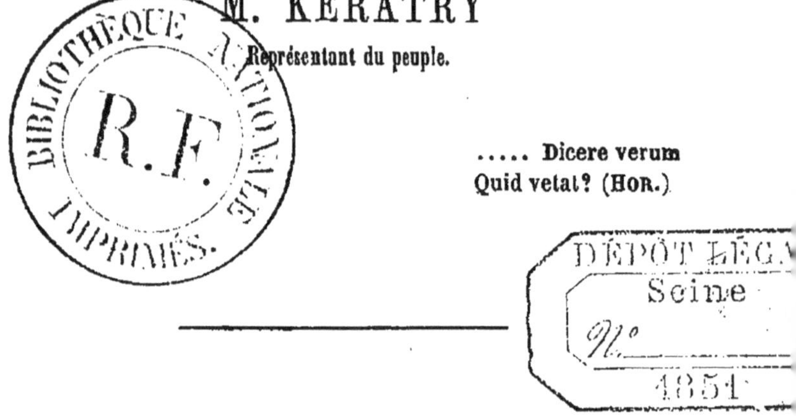

PARIS

GIRAUD ET J. DAGNEAU, LIBRAIRES-ÉDITEURS,

RUE GUÉNÉGAUD, 18.

—

1851

AVIS AU LECTEUR.

Je crois que nous sommes arrivés à une époque
où les hommes qui ont participé aux affaires de
leur pays doivent au public compte de leurs
opérations personnelles sur les événements dont
ils ont été les témoins. Cette ligne de conduite
m'est déjà indiquée par des écrivains célèbres,
chez lesquels la parole n'a pas même attendu ce
moment pour se produire. Honoré plusieurs fois
de la confiance de mes concitoyens, je me repro-
cherais de ne pas leur avoir appris de quelle manière j'envisage la situation actuelle de notre patrie, lorsque malheureusement ses destinées sont
encore flottantes et incertaines. Si je me trompais
dans mes aperçus, qu'il appartient à chacun de
vérifier, en donnant quelque attention à ce qui se
passe près de lui, il serait juste que j'en portasse
la peine par la défaveur dont mes opinions seraient
désormais atteintes. Je me bornerais seulement à
protester de la loyauté qui me les aurait dictées, et
je me prescrirais un silence, dont j'aurais à re-
gretter d'être sorti.

Mais dans le cas contraire, j'inviterai mes lecteurs, quels qu'ils soient, à ne pas se contenter
de m'accorder une stérile approbation. J'aspire à

quelque chose de mieux pour eux comme pour le pays ; mes paroles s'adressent, en même temps, à mes honorables collègues de l'Assemblée nationale, à la France dont ils ont brigué le mandat, et spécialement, par devoir, au département qui a fait de moi un homme politique en m'appelant, dès l'année 1818, à l'honneur de le représenter à la Chambre législative de ce beau royaume, alors constitutionnel.

De l'accord, de la prévoyance, de la fermeté dans les décisions déjà prises ou à prendre, et surtout un oubli de tout intérêt personnel, voilà ce que je réclame, ce que j'attends de leur civisme. La question qui s'agite présentement ne peut, en effet, ni ne doit être une question de parti. Bien qu'il y figure des noms et même des familles qui ont des droits au respect et à la reconnaissance nationale, elles ne seront jamais à mes yeux qu'un accessoire et un moyen de bonheur public. C'est le sort du pays tout entier heureux ou malheureux, c'est la conservation ou la ruine de l'ordre social, qui vont être jetés dans les plateaux de la balance. Quelque minime que soit le poids dont il m'est donné de disposer, je l'apporte, ne croyant en cela que remplir un devoir.

Paris, 20 septembre 1851.

KÉRATRY,

ancien député, pair de France, conseiller d'État, et actuellement représentant à l'Assemblée nationale.

QUE DEVIENDRA
LA FRANCE?

I

Situation.

Notre titre, si notre dévouement à notre pays n'était connu, serait la plus sanglante satire que l'on pût faire d'une nation qui compte près de 37 millions d'habitants; aussi ne l'avons-nous tracé qu'avec un soupir de douleur. Trois générations ont assisté chez nous à d'immenses désastres politiques; notre âge égalant presque en durée les années qu'elles ont parcourues, nous avons acquis le triste privilége de parler de celle de nos révolutions qui, peut-être, plus qu'aucune autre, se présente avec des caractères particuliers, et inouïs chez aucun peuple ancien ou moderne. Un coup d'œil sur notre point de départ, et sur celui auquel nous sommes parvenus, en sera la preuve.

En 1789, le besoin de réformes dans notre état social était généralement senti. On voulait le respect des personnes et des propriétés, la liberté civile et religieuse, l'inviolabilité du toit domestique, sanctuaire de la famille, une égale admission aux emplois publics suivant les mérites respectifs, et la contribution aux charges de l'Etat dans la proportion des fortunes : il est évident que, dès l'année 1848, ces conquêtes, prix de longs travaux, étaient assurées au pays. Dans aucune contrée de l'Europe, et même du monde civilisé, nul individu ne jouissait, plus largement qu'en France, du libre exercice de ses facultés naturelles et acquises. Si quelques distinctions se faisaient remarquer dans la vie civile, elles étaient généralement le résultat de fortunes patrimoniales, de spéculations heureuses, de services rendus au pays, de talents qui l'honoraient et de capitaux gagnés par un travail intelligent. Certaines formes hiérarchiques existaient encore ; ce n'était point un mal ; l'histoire nationale y trouvait des souvenirs

de gloire : personne n'en souffrait, plusieurs
en profitaient. La vanité des titres, du moins,
était si légère, elle était si tolérante, et pac-
tisait si bien avec les amours-propres de fraî-
che date, qu'on lui pardonnait quand on ne
la vouait pas au ridicule. En fait, il n'y avait
plus ni noblesse ni roture. La première avait
bien compris qu'elle ne pouvait plus prendre
de date dans le seul armorial de sa province ;
l'autre, que toutes les carrières lui étant ou-
vertes, il ne lui restait plus qu'à mériter.

Le vrai but était donc atteint : on l'a folle-
ment dépassé. La grande affaire serait d'y
revenir. Pour cela il faut du courage et des
efforts soutenus. Sur une pente déclive, s'arrêter est déjà beaucoup ; nous dirons bientôt
à qui nous en avons l'obligation. Pour reculer,
il faut une plus grande force de reins et de
volonté. Aurons-nous cette force ? Elle nous
est devenue pourtant indispensable ; car un
état plus longtemps stationnaire nous est in-
terdit.

En effet, la situation dans laquelle nous a
précipités le 24 février 1848 est trop précaire,
trop préjudiciable aux intérêts qui vivent de

stabilité, trop contradictoire à des habitudes bientôt transformées en besoins, pour qu'il soit permis de lui promettre une longue durée. Elle appelle des correctifs, et même plus que de stériles modifications. Prolongée, elle nous conduirait inévitablement à une guerre civile ; et celle-ci aurait sa conclusion ordinaire, qui se résume par le despotisme. On nous a jetés dans une république ; or, à commencer par les auteurs de la nouvelle Constitution, personne n'est républicain en France. Vous y chercheriez des Brutus [1], et vous n'y trouveriez guère que des Sybarites. Le régime auquel on nous a conviés voudrait des mœurs austères, et les nôtres sont molles, pour ne pas dire plus ; il demande des goûts simples, et les nôtres sont raffinés dans le logement, dans les meubles, dans le service de table, dans ce que nous nommons le confortable de la vie. Il exige avant tout l'amour de la patrie ; et, à un petit nombre d'exceptions près, qui

---

[1] Ce Brutus est un des hommes de l'antiquité romaine pour lesquels nous avons le moins d'estime : dur envers ses clients, dans leurs nécessités, il exerçait envers eux une usure écrasante. Les écrits du temps en font foi.

est-ce qui a aujourd'hui une patrie ? Pour la bien servir, il faut des croyances : où sont celles-ci, dites-le-nous ? Est-ce chez les républicains de la veille ? Serait-ce chez ceux du lendemain ? Nous souhaiterions savoir s'ils ont foi dans la justice divine, ceux qui, chaque jour, attaquent les arrêts de la justice humaine ?

En effet, l'inamovibilité de la magistrature a été, de tout temps, regardée comme une garantie de son indépendance; cependant des législateurs, qui se disent républicains, ne proposent-ils pas de réduire à une seule année ses augustes fonctions ? Dieu est-il mieux traité par eux ? Nous allons le voir : le rapprochement des églises diocésaines a toujours été, pour les fidèles, une occasion de reconnaissance envers une religion qui prêche la charité au riche, la résignation au pauvre, et qui leur rompt également le pain de vérité ? Et il s'est rencontré des législateurs, docteurs en Socialisme, qui, sans consulter les besoins spirituels des peuples, l'Épiscopat de France, le Saint-Père, premier juge de l'opportunité des établissements religieux, ont eu le courage de demander à leurs collègues la suppression de dix-huit siéges épiscopaux ! Ce vœu, comme le précédent, existe à l'état de propositions non encore débattues, dans les bureaux de l'Assemblée nationale ; sur quoi elle sera appelée à statuer dès la reprise de ses travaux. Qui sait pareillement si, en réponse au rapport éloquent de M. de Montalembert, le saint jour du dimanche ne sera pas disputé à la prière et au repos de l'homme ?

Dans des actes de cette nature, nous n'apercevons aucun symptôme de durée pour une république ou pour un ordre social quelconque. Un écrivain du moyen âge disait pourtant : « Qui voudra maintenir un Etat dans son en-« tier, doit, sur toutes choses, songer à la re-« ligion, qu'elle ne soit abolie, et que, peu à « peu, elle ne vienne en décadence ; car la plus « grande marque que l'on puisse avoir de la « ruine d'un pays, c'est quand on voit que « Dieu et son service y sont négligés. »

Serait-ce un moine ou un homme d'église qui aurait tracé ces lignes ? Non ! mais c'est un écrivain qui, nourri des productions des plus célèbres auteurs de l'antiquité grecque et romaine, a établi dans ses pages, devenues le

bréviaire des hommes d'État, que les républiques d'Athènes, de Sparte, et de Rome entre
toutes les autres, objet principal de ses affec-
tions, n'ont été florissantes que pendant les
jours où aucune atteinte n'a été portée à leurs
cultes. Le même homme ajoute textuellement
que tout observateur attentif à l'état de la religion, telle qu'elle se pratiquait alors en Italie,
« jugerait incontinent que la société n'y était
« pas loin de sa fin, ou qu'elle était menacée
« de quelque grande punition divine[1]. »

Celui qui portait, de l'époque où il vivait,
ce jugement sévère, et qui ne s'abusait pas,
puisque bientôt la péninsule Italique fut dé-
chirée par des factions sanguinaires et liberti-
cides, n'était rien moins que Machiavel, secrétaire du sénat de Florence, écrivain qui n'a
pas été encore mis à sa vraie valeur. En effet,
on s'est accordé jusqu'ici à ne trouver, dans
les pages du célèbre publiciste, que des conseils à l'usage de la tyrannie et des leçons de
duplicité, tandis que l'amour d'une liberté bien
réglée et la haine du despotisme transpirent à

---

[1] *Discours sur la première décade de Tite-Live*, cha-
pitres XII et suivants, traduction française de 1664.

chaque ligne de ses œuvres, notamment de sa judicieuse dissertation sur la première Décade de Tite-Live, dont à coup sûr notre Montesquieu s'est plus inspiré, qu'il n'a eu la franchise de le reconnaître, dans le meilleur de ses ouvrages, nous voulons dire ses *Considérations* sur la grandeur de Rome et sa décadence.

On conçoit une république de Saint-Marin, qui n'est guère qu'un couvent; on admet sans peine la république des cantons helvétiques, fédéralisés par un lien qui se relâche tous les jours, et encore elle ne subsiste que sous le bénéfice de ses émigrations et de la vente du sang de ses soldats aux puissances qui le payent; on ne conteste aucunement la possibilité de la république américaine du Nord, dont la population croissante n'est pas à la veille de se coudoyer sur un territoire non moins vaste que l'Europe, et encore cette forme de gouvernement ne peut s'y promettre une durée illimitée; mais une république de trente-sept millions d'habitants, resserrée entre les bornes d'un terrain qu'on se dispute à prix d'or ou par huissiers devant les tribunaux, altérée de jouissances dont elle a contracté l'habitude, les de-

mandant à des arts très-dispendieux, qui n'éner-
vent pas moins les corps que les esprits,
toujours prête à s'enivrer de représentations
licencieuses, et enfin pressée, comme dans un
étau, par des Etats monarchiques, une telle
république, disons-nous, n'aura jamais qu'une
seule condition possible d'existence : c'est la
guerre ! oui, et une guerre acharnée, qui serait
suivie d'une conflagration générale de l'Europe
intéressée à se débarrasser d'une démagogie
qui n'a pas même la triste excuse de l'austérité.

Dans cette lutte d'un peuple se ruant sur
tous, et de tous sur un seul, où la victoire
irait-elle se placer ? Eh bien, vu l'état du con-
tinent sur la carte duquel nous figurons, nous
aurons la hardiesse d'affirmer que ce serait
sous le drapeau de notre propagande. Ce serait
93 recommencé avec toutes ses fureurs, avec
ses spoliations, ses tribunaux révolutionnaires,
ses temples pollués, ses trois banqueroutes,
d'assignats, de mandats et de tiers-consolidé,
avec ses partis s'envoyant tour à tour à l'échafaud, avec ses poignantes douleurs, ses larmes,
ses familles détruites, leur sang le plus pur
foulé aux pieds à la porte des prisons, ou ré-

pandu à flots sur les places publiques ; oui, avec tout cela ! car le triomphe, au dedans comme au dehors, serait le prix de la terreur, et l'hymne de quelques cannibales en deviendrait encore l'apothéose.

Vainement on nous objectera qu'il y a moins de fanatisme aujourd'hui que dans ces temps de pénible mémoire ; nous répondrons qu'il y a actuellement plus de passions haineuses, plus de cupidités dans le cœur de l'homme, et moins de freins pour en arrêter l'essor. Rendons grâces au Ciel de ce que le gouvernement provisoire n'a pas eu la pensée de recourir à cette chance de succès, suivant nous, presque infaillible. Sous un prétexte ou sous un autre (par exemple, de s'affranchir des traités de 1815), une armée lancée dans les provinces rhénanes de la Prusse, eût engagé la lutte. En dépit de la mollesse de ses mœurs, la France est guerrière ; d'une de ses extrémités à l'autre elle eût accouru au secours de ses enfants ; l'amour-propre national, poussé jusqu'à un état d'érétisme, lui en eût fait une loi ; les réquisitions de toute nature se fussent succédé sans rencontrer d'obstacle, et des proconsuls

émanés d'un nouveau comité de salut-public,
armés de son terrible pouvoir, eussent par-
couru nos quatre-vingt-six départements !...
N'étaient-ils pas déjà tout trouvés, ces proconsuls ? n'étaient-ils pas pleins de zèle? qu'a-
vaient-ils à perdre ? que n'avaient-ils pas à
gagner?

II

Des dissidences probables et des influences admissibles.

Nous avons vu que la république de 1848 est un véritable non-sens dans l'état présent de nos mœurs, un anachronisme absurde, dont d'amers souvenirs eussent dû nous préserver. Aussi nous n'avons vérifié que trop l'adage, « de l'expérience des pères perdue pour les enfants. » A bon droit on pourrait dire d'elle que c'est un fruit que, même à ses risques et périls, chacun doit cueillir sur l'arbre, si on veut qu'il conserve quelque saveur.

Nous allons reconnaître que ce n'est pas même un calque de système, avec quelque co-

hérence dans ses parties, qu'on nous a présenté.
Deux pouvoirs, distincts par leurs attributions,
sont établis dans l'acte constitutionnel. Bien
que l'on ait prétendu subordonner l'un à l'autre, ils sont souverains tous les deux ; émanés
de la même source, forts de la même origine,
c'est par cela même qu'ils sont dans un état
d'antagonisme perpétuel. Éclos du même œuf,
Castor et Pollux vécurent en paix dans leurs
départements respectifs, car chacun d'eux avait
sa destination et ses heures d'autorité ; Étéocle
et Polynice, quoique frères, se disputant la
même couronne, étaient condamnés à s'entre-
détruire : ici pareillement nous rencontrons
deux pouvoirs presque à échéance simultanée,
l'un légiférant pendant neuf ou dix mois et
laissant la place vide ; l'autre jouissant de toutes ses facultés locomotives pendant le cours de
l'année entière, nommant à tous les emplois
administratifs, judiciaires, diplomatiques, mi-
litaires, ecclésiastiques, distribuant à son gré
les honneurs, les récompenses, les grades et
les décorations, monnaie la plus précieuse de
l'État, quand elle n'est pas prodiguée, et enfin
réunissant dans sa personne tous les pouvoirs

d'une monarchie renversée sans motifs, si ce
n'est que la nouvelle liste civile est sans rapport
avec la position que l'on a faite à son titulaire :
par quel miracle prétendrait-on que ces deux
autorités, si diversement pourvues, mais constamment en regard l'une de l'autre, vécus-
sent en parfaite intelligence !

Une telle Constitution manque évidemment
de contre-poids. Elle n'est en réalité ni démocratique, ni monarchique ; ou plutôt elle est
l'une et l'autre, pour se mieux combattre elle-
même. Une délibération précipitée de l'Assemblée nationale, ou un simple oubli d'assi-
duité de l'une des fractions qui la composent,
peuvent donner lieu à la naissance d'une loi
funeste, dont les inconvénients se fussent
effacés en passant par une seconde filière ;
tandis qu'un seul corps souverain ne saurait
se déjuger sans perdre la considération néces-
saire au respect de ses décisions subséquentes.

D'un autre côté, le Président de la Répu-
publique, aigri par des tracasseries peu justi-
fiées ou par des refus humiliants pour son
amour-propre, peut se livrer à des actes dans
lesquels il ne verrait que des représailles, et

qui auraient des conséquences compromet-
tantes pour l'ordre public. La Constitution
évidemment lui a fait une part trop large ou
trop faible. Disons mieux : elle lui a accordé
trop, pour qu'il ne désire pas davantage. Un
Sénat intermédiaire entre lui et l'Assemblée,
enlevant à tous deux ce qui les expose à pécher
par excès, atténuerait les périls de leurs situations respectives.

La Constitution est donc inhabile à marcher;
elle est à la fois boiteuse et peu viable; mais
n'en accusons pas trop les représentants auxquels on en doit une édition précipitée. Qu'at-
tendre, en effet, d'une réunion de neuf cents
législateurs, apportant chacun à l'œuvre com-
mune un contingent de passions et d'idées
contradictoires? C'était déjà beaucoup que
d'échapper à l'anarchie inséparable des pre-
miers mois d'une république à peine sortie de
son berceau. Un général, homme de cœur, et
ce qui vaut encore mieux, honnête homme,
quoique abusé par une illusion de liberté exa-
gérée, qui fut le rêve de sa vie militaire, est
parvenu à réprimer les tentatives séditieuses
de cette époque; aussi a-t-il encouru la haine

des factieux; grâces lui en soient rendues! mais il n'eût pas tardé à succomber sous leurs efforts destructifs de tout ordre social, sans l'aide puissante que la Providence nous ménageait, et dont peut-être nous étions peu dignes. Nous allons en parler.

Quand un trône est renversé, il se fait aussitôt dans l'État un vide qui, de longtemps, ne se comble. Heureux sont les pays où ce vide ne se remplit pas avec du sang! Arrivés que nous sommes probablement au terme d'une carrière qui, dans son humble condition, a eu bien des vicissitudes, nous avons assisté trois fois à ce spectacle, toujours suivi d'assassinats et de pillages exécutés par une poignée de misérables; car les nations, comme les individus, ont des heures de lâcheté. On commence par gémir, on s'accuse ensuite réciproquement, et personne ne bouge. Dieu, qui ne consent pas à la perte d'une ville là où il y a seulement dix justes, ainsi qu'il est dit dans la première histoire admissible de l'espèce humaine [1], après avoir laissé tout aller à l'im-

---

[1] « Seigneur, ajouta Abraham, ne vous fâchez pas, je
« vous supplie, si je parle encore une fois : et si vous

puissance et au désespoir, se montre alors, comme s'il voulait apprendre aux populations consternées que l'ouvrage sera tout entier de sa main ; puis il agit.

Voilà ce qui a eu lieu chez nous, d'une manière éclatante, dans les années 1848 et 1849. Trois élections mémorables sont venues relever les esprits abattus : l'une, celle de l'Assemblée constituante, où une majorité sage et amie de l'ordre a été fondée ; l'autre, celle du Président de la République, immense et solennelle protestation contre un régime que l'opinion publique, pour la première fois consultée, repoussait, et que la France éclairée voulait encore moins ; les circulaires de deux ministres sans pudeur décidèrent de la troisième élection. Ces faits sont assez concluants pour que les annalistes futurs y voient un vote négatif de l'établissement nouveau, à la prolongation nominale duquel la plupart de ses fondateurs, chassés par les comices, n'ont pu assister. A qui a-t-on dû ce retour de courage dans les

---

« trouvez dix justes dans cette ville ?—Je ne la perdrai « point, dit le Seigneur, s'il y a dix justes. » *Genèse,* chap. xviii, v. 32, traduction de Sacy.

masses? On ne l'a pas assez reconnu, et nous allons le proclamer à haute voix.

Au milieu des ruines accumulées par la révolution du 24 février 1848, dans ce vaste champ de décombres, de fortunes détruites, d'espérances anéanties, de capitaux dilapidés, d'entreprises industrielles en chômage, deux corporations étaient restées debout, comme deux colonnes encore imposantes qui apparaissent au voyageur dans le Forum romain, ou dans le désert de Palmyre, la Magistrature et le Clergé! l'on n'avait pas encore osé y toucher. Voulait-on s'y ménager des auxiliaires? nous ne le croyons pas. Les craignait-on? cela est plus probable; au moins, pour les frapper, les habiles attendaient un surcroît de forces qui naîtraient d'une consolidation de la République. Aussi quelques impatiences furent adroitement réprimées. Ce qu'il y a de certain, c'est que l'honneur des organes de la justice du pays s'indigna; il parla, dans sa langue de vérité, aux populations; il éclaira les villes sur le choix des mandataires auxquels elles allaient confier leurs destinées; sa fermeté et la sage attitude de la Magistrature y devinrent une digue à l'entraînement révolutionnaire. Mais c'est surtout le Clergé qui exerça, tant sur les cités que sur les campagnes, une salutaire influence. L'Épiscopat français, le plus éclairé et le plus évangélique de toute l'Europe, et les dignes collaborateurs de son saint ministère, sous le coup de l'esprit religieux qui les animait. et des malheurs d'une patrie à laquelle ils ne seront jamais étrangers, sortirent du sanctuaire pour se rendre à l'urne électorale ; leurs fidèles paroissiens les suivirent ; il est permis de dire que le Ciel même donna l'impulsion, et la France fut sauvée ? Au moins le torrent fut arrêté dans son irruption, qui menaçait de tout envahir. Si les libertés publiques, l'autel, le foyer domestique et les patrimoines ont trouvé des défenseurs là où les courages étaient déjà glacés, c'est à la Magistrature, c'est à l'Église qu'on en est redevable.

Il nous semble qu'il ne serait pas déplacé d'exprimer ici notre opinion sur une lettre pastorale qui a eu un grand retentissement. Nous professons une haute estime et un profond respect pour le caractère comme pour la personne de monseigneur l'archevêque de

Paris. Nous croyons même que, dans un ordre de choses régulier, tel que la France le possédait avant le 24 février 1848, la recommandation adressée, par son Éminence, soit à ses suffragants, soit aux Chanoines, Curés et Vicaires de l'Eglise métropolitaine de Paris, n'aurait eu rien de déplacé. Alors, en effet, l'immixtion du clergé dans nos débats politiques n'était pas sans inconvénients. Aujourd'hui la question a changé de face; elle n'est plus simplement parlementaire : nous la tenons pour sociale au plus haut degré. Allons plus loin, affirmons qu'elle a pris un caractère essentiellement religieux. Au défaut des propositions déposées sur le bureau de l'Assemblée nationale et qui n'ont pas eu encore leurs développements, les manifestes des socialistes en feraient foi. Il est des gens pour lesquels ce n'est pas assez d'avoir vu crouler un trône, il leur faut briser un autel! La permanence des magistrats sur leurs siéges leur est odieuse; la religion les gêne encore davantage; la confiance dont ses ministres sont honorés les importune : ne leur enlève-t-elle pas des suffrages dans les comices électoraux? Après avoir déjà succombé plus d'une fois dans les élections, sous cette influence bien légitime, ne perdent-ils pas l'espoir de couvrir bientôt les bancs de l'Assemblée nationale d'amis dévoués à leurs funestes doctrines? Force leur est donc de se constituer en état de guerre contre la religion; celle-ci, de son côté, en vertu de son droit naturel et du précepte divin, a dû se constituer en défense, c'est ce qu'elle a fait, c'est ce qu'elle fera encore.

Certes, le moment n'est pas venu, pour les ministres de l'autel, d'épargner aux populations chrétiennes leurs salutaires avis. Le sort de la France, celui des pères de famille, celui de l'ordre social et du culte lui-même, dépendront prochainement de la composition d'une Assemblée constituante de révision ou d'une nouvelle Assemblée législative : à Dieu ne plaise que nous admettions comme possible la ruine ou une simple altération du christianisme, qui n'est jamais plus fort que sous les coups qu'on lui porte! mais l'expérience des siècles prouve qu'il y a solidarité entre lui et la société des fidèles; que quand il saigne, les courages les plus vertueux sont ébranlés ; que quand les mauvaises doctrines sont prêchées, les mauvaises passions ont les coudées franches; et que l'athéisme, ce feu destructeur des champs et des villes, marche de conserve avec l'irréligion : voilà des maux dont, dans les jours où nous vivons, l'intervention du clergé est appelée à nous défendre. Assurément ce ne sera pas la tâche la moins importante de ses saintes et nobles fonctions. Le péril s'approche, comment le conjurer d'une manière légale, si ce n'est en appelant au maniement des affaires de l'Etat des citoyens connus par des sentiments moraux et religieux? Qui les indiquera le mieux dans les campagnes, du club ou du presbytère? N'ayons garde d'oublier que l'Europe a dû une grande partie de sa civilisation à l'Eglise ; peut-être la France lui devra-t-elle encore le maintien de sa liberté et de sa foi, dont le socialisme est la plus complète négation.

III

De l'étranger par rapport à nous, et de Paris.

Nous ignorons si les cabinets de l'Europe ont une grande confiance dans la République française, mais nous ne doutons pas qu'ils ne restent à son égard dans une sorte de réserve, et peut-être d'appréhension, jusqu'à nos élections prochaines. Les hommes de la diplomatie se doivent, avant tout, de masquer sous des formes gracieuses, et même amicales, les intentions hostiles de leurs gouvernements. C'est une chose convenue, et elle ne tire pas à conséquence, puisqu'on se paye réciproquement d'une semblable monnaie. Le ministre de la Grande-Bretagne, héritier d'une politique qui, pendant des siècles, a vu en nous des rivaux d'industrie, de commerce et de gloire militaire, nous témoigne une bienveillance exquise dans ses politesses d'outre-mer; ce qui ne l'empêche pas de tolérer, en face de nos rivages, un foyer permanent de conspirations contre la France. De la côte d'Albion, des brûlots incendiaires, fabriqués en franchise, au su de tout le monde, partent chaque semaine pour nous porter le feu d'une guerre civile. Cela n'est pas très-loyal. Il est des personnes un peu scrupuleuses qui y trouveraient une violation flagrante du droit des gens. Nous aimons, nous admirons le caractère des individus, voire même des populations du Royaume-Uni, mais nous avons en horreur l'esprit de son Foreign-Office, ou mieux de son gouvernement. Planant avec ses grandes ailes sur toutes les contrées du globe, de son regard d'aigle, il y cherche des proies, dût-il auparavant, de ses serres et de son bec crochu, les avoir réduites à l'état de cadavres.

Si, faute d'un concert désirable entre les

honnêtes gens, de vives dissidences se manifestaient dans nos colléges électoraux, il n'est pas certain que nos voisins de terre et de mer s'en affligeassent beaucoup; ils spéculent sur nos discordes; ils les cotent à leurs Bourses ; de leur part, c'est de la médecine expectante, car nous sommes, pour eux, un danger de tous les jours. A leurs yeux, Paris n'est rien moins que le club de l'Europe; et les brandons de guerre civile qu'ils nous jettent, en prenant feu dans nos cités, les délivreraient d'une frayeur, dont le secret est au moins confié à leur oreiller.

En effet, nous savons de bonne source qu'au premier bruit de la Révolution de 1848, on agita dans certains cabinets la question d'une invasion en France; qu'on n'en fut détourné que par les troubles survenus en Allemagne et en Italie; qu'on y revint après les éclatantes victoires de Radetzky, et que probablement on n'y eût pas renoncé, si Paris n'avait pas été mis à l'abri d'un coup de main. Ainsi la sage prévoyance du roi exilé nous protégeait encore, puisque, deux invasions successives de notre capitale ayant été chose facile, deux fois

le gouvernement du pays y avait été renversé;
et l'étranger, vainqueur presque sans péril,
en avait remporté des dépouilles opimes. Mais
l'enceinte fortifiée donnait une autre face à
la question. On ne se dissimulait pas que,
dans quarante-huit heures, les remparts de
Paris se couvriraient de canons et se hérisse-
raient de baïonnettes. On s'arrêta devant les
inconvénients d'un siége qui, pouvant traîner
en longueur, permettrait le réveil de l'esprit
public en France, et placerait une armée étrangère entre une capitale bien défendue et des
troupes fraîches, accourues sur ses derrières
l'arme au bras et le désir de la vengeance au
cœur. Nous dûmes donc à un règne si ca-
lomnié et si fécond en travaux utiles d'échapper, et sans doute pour toujours, aux désastres
d'une troisième invasion.

Nous sommes forcés de reconnaître que l'influence de Paris, dans presque toutes nos crises politiques, a été fatale à la France; mais
nous croyons que, tout en nous prémunissant
contre cette influence, comme nous en avons le
droit et le devoir, nous ne saurions entière-
ment nous y soustraire. Quelques personnes

bien intentionnées ont parlé, plus d'une fois, de transporter ailleurs le siége du gouvernement : d'abord cette translation des grands pouvoirs de l'Etat, avec la multitude des établissements qui en dépendent, serait une entreprise aussi longue que dispendieuse. A moins qu'on ne le brûlât, Paris n'en resterait pas moins Paris, c'est-à-dire le centre des beaux-arts, des sciences, des lettres, des musées, des bibliothèques, des monuments de l'ancienne monarchie, et, pour nous exprimer en deux mots, de la civilisation d'un grand peuple. S'en rendre maître, en l'absence des autorités gouvernementales, ce serait encore se saisir d'un puissant levier de domination sur le reste du pays. Il y aurait là de quoi tenter plus d'un ambitieux. Après la campagne de Russie, Napoléon ne sentant que trop le désavantage d'avoir une capitale sans moyens de défense, transporta le siége de l'administration à Blois. Ce fut une faute. Dès qu'on apprit que la famille impériale et la régence ne dataient plus de Paris, le découragement devint général ; de la capitale il gagna les provinces, et dans ce seul acte, on vit un pronostic de chute prochaine. Le Cardinal de Retz a dit que le Parisien n'aime pas à se désheurer : il ne faut pas non plus qu'en France le pouvoir se déplace trop.

En février 1848, un mouvement qui, dans son principe, n'avait pas contre la royauté un caractère d'hostilité absolue, en quelques heures, se conclut par une république, à laquelle très-peu de révolutionnaires avaient pensé. Si Louis-Philippe et ses ministres, escortés d'un seul escadron de hussards, s'étaient retirés à Vincennes, s'ils y avaient appelé les deux grands corps de l'Etat, avant quarante-huit heures, tout fût rentré dans l'ordre ; car la forte voix de la France eût eu le temps de se faire entendre. Mais cette ressource eût manqué à Napoléon : ce n'était pas devant un simple flot révolutionnaire qu'il avait à reculer. Pour lui, une temporisation n'était plus de mise en présence des torrents de l'Europe entière débordée sur l'Empire ; il fallait se battre, et c'est la plus belle campagne qu'il ait faite dans son héroïque carrière.

Revenons à notre sujet. Un peuple auquel, malgré quelques défauts de caractère, appartient la première place dans le rang et ordre du monde civilisé, qui marche en tête de l'Europe continentale, qui n'a pas toujours été le second dans la possession du domaine des mers, qui a des armées braves et nombreuses, des places fortes, des arsenaux bien pourvus, des villes florissantes, une industrie qui ne le cède à aucune autre, des citoyens habiles dans les arts de la paix et de la guerre, enfin n'ayant aucun ennemi en face, ne sait ce qu'il deviendra dans six mois, dans trois mois peut-être, ne sait ce qu'on fera de lui, ce qu'il en fera lui-même, parce que, sans le consulter, on lui a donné une forme de gouvernement impraticable et dont personne ne veut. Certes, les annales du genre humain n'ont jamais rien offert de pareil! C'est l'impossible, c'est l'absurde, et cependant il faut y croire! L'aveu qui vient de nous échapper n'est pas seulement humiliant, il renferme encore un grave sujet d'inquiétudes.

L'empereur Julien, qui habitait jadis le palais des Thermes, dont on lui attribue la construction à Paris, trouvait au caractère du peuple de cette contrée une teinte de sérieux et de mélancolie, telle qu'on la rencontre encore chez les paysans autocthones de notre péninsule armoricaine. Il faut en convenir, ce caractère a reçu d'assez notables modifications, dues probablement à l'invasion postérieure des Francs, qui couvrit en partie la Gaule Cisalpine. En lui superposant leurs mœurs et leurs usages, en substituant bientôt au culte sombre du Druidisme une religion nouvelle et une hiérarchie féodale qui avaient leurs fêtes et leur luxe, les vainqueurs exercèrent sans doute une influence sur les habitudes du peuple vaincu, qui y perdit son nom de Gaulois pour le changer en celui de Français. Ainsi les torrents, dans leurs irruptions, jettent quelquefois une terre légère sur un sol dur et compacte.

C'est principalement depuis la guerre de la Fronde qu'on nous a accusés et que nous nous sommes accusés nous-mêmes d'un défaut de fixité dans le caractère. Ce reproche, par malheur, n'est pas dépourvu de motifs. Peut-être venons-nous d'en indiquer l'origine. Mais ce tort, qu'il soit un produit de notre nature ou qu'il soit le résultat de nos habitudes, doit-il nous conduire à l'indifférence sur notre propre destinée? Après avoir laissé derrière nous un passé de soixante ans passablement capricieux, sans nous occuper du futur terrible qui frappe à notre porte, nous semblons rendre grâces au Ciel de la misérable existence viagère à laquelle on nous a réduits. Le présent, avec ses sensualités, nous absorbe; nul souci de survivants, de perpétuité de familles, de pages honorables et réparatrices à ajouter à l'histoire du pays! Nous nous endormons comme un homme qui ne doit rien laisser après lui. Certes, il y a là quelque chose d'effrayant; car une nation qui n'aurait ni le culte du passé, ni le soin de son avenir, serait une nation sur laquelle il ne resterait qu'à jeter le linceul.

IV

De la révision de la Constitution et de l'article 111.

L'enfantement de la Constitution avait été aussi long que laborieux. En voyant le produit qui en résulta, les accoucheurs eurent la conscience de ses défectuosités. Leur prévision alla jusqu'à en autoriser la réforme orthopédique par un article spécial. Mais, comme si leur orgueil se fût indigné plus tard qu'on pût avoir l'audace de toucher à ce fruit de leurs élucubrations, ils en rendirent le redressement impossible. Du moins, tel fut leur espoir; car le fameux article 111 déclare, en termes exprès, qu'une nouvelle Assemblée constituante ne pourra procéder à une révision que dans le cas où l'Assemblée législative précédente l'aurait convoquée, à cet effet, par trois résolutions prises de mois en mois, à la majorité des trois quarts des suffrages exprimés. Si ces conditions sont remplies par un Corps législatif composé de cinq partis divisés d'opinions politiques, on pourra crier au miracle! Toutefois, essayons de l'obtenir.

Ces cinq partis trouvent tous la Constitution défectueuse : les uns la jugent trop démocratique, d'autres trop peu ; il en est dans l'opinion desquels les deux pouvoirs établis sont condamnés à un état d'antagonisme ; quelques-uns (et ce sont les plus sages) leur voudraient un intermédiaire qui leur servît de contre-poids, rôle important, dont le Conseil d'État ne saurait s'acquitter ; en effet, il manquerait d'autorité pour une aussi haute fonction ; d'autres enfin, et ce sont les plus avancés, souhaiteraient qu'une Assemblée, autocrate dans sa démocratie, cumulât la puissance exécutive et la puissance législative, avec des ministres nommés et révocables par elle. Ce sont là les purs souvenirs de 1793. De là s'en-

suivraient des Comités de la guerre, de la justice, de surveillance, de salut public, tous
investis de pouvoirs spéciaux.

Personne n'étant donc satisfait de ce qui
est, quel mal y aurait-il à ce que l'on tombât
d'accord pour décréter une Assemblée de révision? Le peuple la nommerait dans ses comices; elle apporterait à ses délibérations le
vœu du pays. Si ce vœu était favorable à l'é-
tablissement d'une république, les mandataires
élus en détermineraient les formes et en coor-
donneraient l'organisme. Vous ne pouvez sou-
haiter rien de plus; car il serait impertinent
de faire un appel à quatre-vingt-six départe-
tements pour leur demander un mensonge.
En bonne logique, se refuser à une Assemblée de révision, c'est montrer la crainte que
les électeurs, par leurs organes légaux, ne se
prononcent contre le régime actuel; c'est déclarer implicitement qu'il n'a été qu'une surprise, dont on veut s'assurer le bénéfice. Or,
on ne saurait, avec plus d'audace, contester à
la France son droit de souveraineté, pour lui
substituer celui d'une coterie. Plusieurs, parmi
vous, ont annoncé qu'ils consentiraient à une

révision, sous une réserve préalable : c'est leur camp retranché; nous ne tarderons pas à les y suivre, et ce sera la matière, pour nous, d'un prochain examen.

Avant la prorogation de l'Assemblée nationale, une Commission avait été chargée de lui présenter un rapport sur les nombreuses pétitions par lesquelles on réclamait une révision de l'acte constitutionnel. Dans son travail très-remarquable, le rapporteur, tout en convenant de l'urgence de cette révision, ne se dissimule pas l'obstacle qui y est apporté par l'article 111 dans sa teneur rigoureuse. Il n'en conclut pas moins à la prise en considération, c'est-à-dire à un essai sans résultat probable. Si nous ne connaissions la loyauté de M. de Tocqueville, livré pendant son honorable carrière à des méditations sérieuses, auxquelles il doit une juste célébrité, on serait tenté de croire qu'il s'est joué, ou de son sujet, ou de la crédulité de ses collègues. A Dieu ne plaise qu'une telle pensée trouve accès dans notre esprit! elle serait aussi peu digne de la Commission que de son éloquent rapporteur. Voici, sans doute, ce qui se sera

passé : tous deux, convaincus de la nécessité
d'une révision sollicitée par un million d'é-
lecteurs [r] et par deux cent trente-trois députés, fraction la plus considérable des partis
divers assis sur les bancs de l'Assemblée,
hommes assez connus pour ne pas être soup-
çonnés de céder à des influences étrangères;
la Commission, disons-nous, et son spirituel
organe, dans leur impuissance de concilier les
clauses de l'article 111 avec la révision qu'il
autorise et refuse en même temps, à bout de
moyens, sont venus dire bravement à l'Assemblée nationale : « Nous vous renvoyons
« l'affaire; vous vous en tirerez comme vous
« pourrez. »

La Commission et l'Assemblée ont manqué
de force, ou n'ont pas voulu en faire contre les
puritains de la Constitution; et quatre cent
quarante-six représentants de la nation fran-

____

[r] Aujourd'hui, le nombre des pétitionnaires va au delà
de deux millions. Le vœu formellement exprimé des
Conseils d'arrondissement et des Conseils généraux de
département ajoute une force d'autant plus imposante
à ce nombre, qu'un pareil contrôle prouve l'absence de
toute captation.

çaise, majorité immense du Corps législatif, ont eu à s'incliner devant une clause de l'article 111, très-minime prescription réglementaire d'un Code, envers lequel un seul homme dans le pays se trouve lié par un serment. Ce scrupule a son beau côté; nous le respectons. Mais un régime évidemment défectueux, et à l'ombre duquel une société ne peut pas plus vivre que le voyageur américain sous le feuillage du mancenilier, aurait-il donc perdu toute chance d'amélioration ? Aurait-on oublié qu'il a été improvisé dans un matin, en présence et sur les ruines d'un régime qui avait pour sanction, non pas seulement des serments, mais encore dix-huit années de bonheur donné à la France ? Le dogme, très-contestable même en théorie, de la souveraineté populaire, a-t-il changé nos habitudes en un clin d'œil, ou tracé un cours nouveau à nos habitudes ? Non ! On nous a fait seulement un habit qui ne va pas à notre taille, dans lequel nous sommes à l'étroit; misérable surtout, dont, au moindre mouvement, les coutures échappent de toutes parts. Nous nous bornerons à en offrir un petit nombre de preuves aux adorateurs idolâtres de l'article 111.

Nous commencerons par leur demander pourquoi leur sollicitude ne se manifeste pas avec le même zèle en faveur de l'article 10 de la Constitution, par lequel « sont abolis, à toujours, tout titre nobiliaire, toute distinction de naissance, de classe ou de caste? » Cet article n'est pas moins obligatoire que l'autre. Celui-ci est au chapitre premier de la loi fondamentale, celui-là au chapitre onze : voilà toute la différence.

Et, cependant, le peuple, convoqué par vous dans ses Comices électoraux, a fait choix d'un Prince pour chef de votre gouvernement ; son bon sens naturel lui a dit qu'une présidence n'allait pas au premier venu. Vous n'approchez pas, à Paris, des ambassadeurs étrangers, sans avoir à la bouche le titre d'Excellence ; les vôtres reçoivent le même honneur, partout où vous les envoyez, et ils ne s'en fâchent pas. Vous n'abordez pas un Archevêque ou un Evêque, vous ne lui écrivez pas même officiellement, sans l'appeler du nom de Monseigneur. Les insignes de l'ancien régime, les symboles de distinction, les annonces de naissance patricienne courent les rues ; ils couvrent les colonnes de vos journaux quotidiens ; ils resplendissent le long de vos boulevards et jusque sur le siége de vos berlines : vous n'y prenez pas garde, et vous faites bien ! Certes, vous n'irez pas arracher les souvenirs d'une antique origine au drap funéraire et à la pierre tombale ; vous ne briserez pas les panneaux armoriés de la calèche élégante qui soulève la poussière du bois de Boulogne, et vous ne saisirez pas, dans les bureaux de la poste, les lettres sans nombre, dont les enveloppes portent les qualifications d'un régime, que vous prétendez abhorré : en cela, vous ferez encore très-bien ; car autrement, vous vous mettriez en état de guerre ouverte, avec les mœurs, avec des besoins sans cesse renaissants, avec les salaires de l'ouvrier, avec les arts, avec le luxe, et avec le pain des familles qui en vivent. Si vous n'avez le sentiment de votre impuissance dans votre abstention, c'est encore sagesse de votre part ; car tous vos efforts échoueraient dans cette lutte, à moins que vous n'eussiez recours à la confiscation et à la peine de mort, que vous avez abolie en matière politique. Resterait à savoir de quel œil la France verrait de pareils auxiliaires marcher à votre suite?

Nous fortifierons ce que nous venons de dire par la citation suivante, empruntée encore au secrétaire et historiographe de Florence que, certes, on ne soupçonnera pas de reculer devant des opinions républicaines, après avoir été accusé deux ou trois fois d'être entré dans des conspirations contre l'empire et même contre la papauté. Voici en quels termes il s'exprime :

... « Quiconque donc entreprendra de ré-
« duire en forme politique un pays où la ga-
« lanterie est préférée à tout, travaillera en vain,
« s'il ne tâche de l'abolir et exterminer...; mais
« de faire une république dans un pays disposé
« pour être un royaume ; et un royaume, où
« les mœurs et les conditions tendent à la ré-
« publique, il n'appartiendrait qu'à un homme
« qui aurait une autorité merveilleuse et doué
« d'un esprit le plus grand du monde. Plusieurs
« s'en sont voulu mêler ; bien peu sont venus
« à leur honneur. La grandeur et la difficulté
« de l'entreprise les étonne tellement d'abord,

« qu'ils ne savent où ils en sont , et en demeu-
« rent là [1].

Où sont parmi nous les hommes *doués d'une autorité merveilleuse et d'un esprit le plus grand du monde ?* les chercherons-nous derrière les barricades, d'où l'on fusillait des généraux et des prêtres ? Sera-ce au Conservatoire des arts et métiers de la rue Saint-Martin ? Un sourire de pitié accueille notre question, et cependant c'est là qu'il faut prendre, sinon tous les hommes auxquels nous devons la ré-publique, au moins ceux qui ont été presque la seule force de ses fondateurs, au milieu de l'inertie d'une population surprise ou abusée.

Lecteurs, entre les mains desquels ces pages pourraient aujourd'hui se placer, et vous tous surtout, Mandataires du peuple, sur la tête des-quels pèsera la responsabilité des événements qui s'approchent, faites-y attention : Si l'obsta-cle contre une révision, contenu dans l'article constitutionnel 111, n'est surmonté par un

---

[1] Discours sur la première Décade de Tite-Live, chap. LV, édit. de 1664. J'ai préféré cette traduction à celle de Guiraudet, qui est plus élégante, mais beaucoup moins près de l'original.

vote décisif de l'Assemblée Nationale, nous marchons vers une absence complète de tout gouvernement, soit républicain, soit monarchique ; d'où résulte, avec la perte même de notre pitoyable *statu quo* actuel, l'impossibilité de fonder, chez nous, un ordre de choses stable et régulier. Dès lors, nous devenons (hélas! volontairement) la proie de l'anarchie. Ainsi, placée sous l'influence d'un fatal *veto*, notre belle, notre riche France, terre antique de valeur et de génie, aujourd'hui terre d'une coupable imprévoyance, ne ressemblerait-elle pas au malheureux qui, frappé par le protoxyde d'azote, dans une immobilité qui lui donne les apparences de la mort, et ne pouvant pousser un cri, ou former un geste indicatif d'un reste de vitalité, sentirait clouer, sur sa face, la dernière planche de son cercueil?

Cependant, ne serait-ce pas une chose étrange que, deux fois dans le cours rapide de trois années, le vote d'une Majorité législative ait paru subordonné à celui de sa Minorité! Personne, sans doute, n'a oublié qu'au 13 juin de l'année 1849, il s'est rencontré des Représentants assez osés pour mettre *hors*

la loi les deux tiers de leurs collègues. En révolution, sachez-le bien, ce cri est un arrêt de
mort! Ceux qui le proféraient en connaissaient
probablement toute la valeur, puisqu'il n'en
fallait pas plus à la Montagne de 93, dont ils
se proclament les héritiers, pour envoyer les
Girondins à l'échafaud ; on nous répétera que
celui-ci était aboli le 13 juin dans un sens politique ; mais restait une proscription sanglante,
à laquelle, moins le pouvoir, qu'on n'avait pas
cette fois, on faisait un appel. L'Assemblée
Nationale a eu la grandeur de mépriser cet
acte de démence. Le cas échéant, elle com-
prendra, sans doute, qu'il y aurait trop de
risques à laisser se renouveler impunément de
pareils essais, et trop de honte à les souffrir.

Dans quelques semaines, les départements
attendront avec anxiété une décision qui, si
elle ne leur évitait le concours de deux élections
simultanées, laisserait le pays sans gouvernement et les lois sans force répressive. Placée
dans une des conjonctures les plus graves que
l'on puisse imaginer, l'Assemblée Nationale,
si ce n'est par un vote unanime, au moins
par celui de sa majorité, fût-ce à ses risques et

périls, accomplira noblement son mandat. Ceux qui ont ouvert les portes du Palais-Bourbon à leurs représentants, ne les ont pas envoyés généreusement à Paris pour y être les spectateurs bénévoles de ce qui a mis aux abois la société entière. Si chaque collége électoral ne leur communiquait une vive impulsion, si, trompant notre espoir, ils laissaient clouer, sur la face de la nation, cette planche funéraire de l'article 111, nous dirions dans notre douleur que les peuples, descendus à un certain degré de prostration morale, doivent y trouver leur châtiment, et que si le Ciel, dans sa justice, ne les efface pas de la terre, il leur donne au moins toujours les maîtres que leur lâcheté mérite. Bientôt alors, et peut-être avec eux, disparaîtra jusqu'au droit de la plainte et des murmures, triste vérité sur laquelle les ruines de tant d'empires ont apposé leur cachet! Cherchez où furent Memphis, Ninive, Babylone, Ecbatane : vos voyageurs ne vous fourniront à ce sujet que des conjectures !

V

De la loi du 31 mai 1850.

Quelques écrivains démocrates, et même d'autres moins avancés dans leur doctrine, sembleraient assez disposés à accepter une Assemblée révisionniste. Ils n'y mettraient qu'une condition : ce serait le retrait de la loi électorale du 31 mai 1850. Aussi, toutes les batteries sont déjà dirigées contre elle. Nous ne scrutons pas les cœurs ; nous ne cherchons pas ce qu'il y a de sincère dans une promesse, réalisable après que le parti de l'ordre se serait dessaisi d'une arme sans laquelle les élections prochaines, probablement, affai-

bliraient sa majorité. Mais nous tenons sa destinée, et celle de la France, comme très-aven-
turée, s'il souffre qu'on fasse une brèche dans
la loi électorale. Expliquons-nous :

Même avant que cette loi fût rendue, trois
fois des élus du suffrage universel ont essayé
de dissoudre violemment la représentation nationale, dans laquelle ils couvraient plus de
bancs qu'ils n'en occupent aujourd'hui. Par
qui y avaient-ils été envoyés? A quels votes en
étaient-ils redevables? Remarquez que nous
parlons de ceux qui, dans la personne de leurs
collègues, attaquaient la souveraineté nationale, sans cesse invoquée par eux et leurs amis.
Évidemment, leur élection était l'œuvre de
cette classe du peuple qui est la plus accessible
aux séductions, dès qu'on lui promet d'amé-
liorer sa vie précaire, trop souvent malheu-
reuse par un défaut de conduite. Elle se com-
posera toujours des gens qui, livrés à une
existence vagabonde, sans famille ou s'en sou-
ciant peu, ayant diverti leur patrimoine, se
voyant chargés de dettes, et témoins envieux
d'un bonheur auquel ils ne peuvent atteindre,
sont prêts à donner l'appui de leur force mus-

culaire à tout mécontentement insurgé contre le pouvoir.

Dans ce nombre, nous ne le dissimulerons pas, vous rencontrerez quelques honnêtes pères de famille dont la bonne foi a été surprise, et quelques jeunes gens qui, à cet âge où de généreux sentiments s'égarent dans des lectures mal choisies, s'attachent, sans le savoir, au char des ambitions désappointées. Ceux-ci, nous le confessons encore, deviennent de puissants auxiliaires au milieu d'une foule impétueuse, aux actes de laquelle ils prêtent une sorte de couleur morale. Mais la masse dans son ensemble n'est qu'un instrument aveugle, dont les habiles du parti dirigent les coups.

Sans médire de cette dernière classe du peuple, triste résidu de toute grande réunion d'êtres humains agglomérés, nous remarquerons qu'à beaucoup d'égards elle tient de l'enfance. En effet, la vie, dans cette première période de son expansion, a besoin de mouvements, et ces mouvements ne sont jamais bien réglés. Semblable au jeune taureau qui frappe de son front, comme pour faire usage de cornes à peine rudimentaires, elle se livre sans cesse à des élans sans motifs et sans mesure : telle sera toujours la population infime des capitales ; pourquoi lui accorder, par l'élection, une arme puissante qu'à coup sûr elle emploierait mal ? Hobbes était dans le vrai, quand il disait qu'un enfant robuste serait toujours méchant [1], *malus puer robustus*. C'est à quoi la nature, dans sa sagesse, a pourvu ; elle ne lui donne les moyens de nuire par un accroissement de force physique, qu'au moment où la raison lui en ôte la volonté.

Le suffrage universel doit son origine à des écrivains qui auraient le bon sens de n'en pas vouloir aujourd'hui, et qui y eurent recours dans un intérêt dynastique, contre une dynastie alors le point de mire de leurs attaques. Sa meilleure acception admise, ce genre de votes ne serait qu'une source d'intrigues, et par conséquent d'inquiétudes pour un gouvernement ; au moins il ouvrirait la voie à une corruption qui, des bas fonds de la société, monterait bientôt à sa surface. La classe inférieure du peuple, à laquelle on n'est que trop en droit

---

[1] Hobbes, *Præfatio ad lectorem, De cive.*

de contester une intelligence suffisante pour la guider dans ses choix [1], se plaît aux révolutions. Elle aime à détruire plus qu'à édifier, l'un en effet demande moins de temps que l'autre, et elle ne veut pas différer ses jouissances. Portée à plaindre le malheur, même le mieux mérité, elle n'a point de sympathie pour ce qui est riche ou élevé en dignité ; si elle épargne une médiocrité modeste, c'est qu'elle la trouve plus rapprochée de son niveau. Aussi forcera-t-elle Valérius Publicola d'abattre une maison qu'elle juge trop haute d'un étage. Les républiques ne permettent rien d'éminent, rien d'illustre, rien de constamment vertueux, ou qui les oblige à être reconnaissantes ; il est rare qu'alors elles ne le brisent. Elles ont, pour cela, les amendes insolvables, la prison, la ciguë, les ostracismes et jusqu'aux bannissements après la mort [2].

------

[1] Loin de trouver un correctif au suffrage universel dans une élection à deux degrés, nous y verrions un péril de plus. Nous nous engagerions à le démontrer en faveur du suffrage direct.

[2] La dépouille de Phocion fut bannie du territoire d'Athènes, et une pauvre femme de Mégare lui donna l'asile de son foyer. Notre célèbre peintre Poussin y a

N'oublions pas que les philosophes et les hommes les plus éclairés de l'antiquité ont fait peu d'estime des jugements populaires et du bon sens des masses. Platon, sous les ombrages des jardins d'Académus, oubliant ses idées archétypes, voyait le beau *dans ce qui plaît au patricien honnête homme;* Phocion, applaudi au Pnyx, au milieu de l'une de ses harangues, se retournait vers ses voisins pour leur demander *s'il venait de lui échapper quelque sottise;* Cicéron, en parlant au Sénat de cette classe infime qui foulait avec lui les pavés de la ville éternelle, et, un peu plus tard, Horatius Flaccus l'appelaient du nom de plèbe ou d'ignoble vulgaire [1]. Pourtant il s'agissait de gens qui avaient le droit de s'écrier fièrement, jusqu'en pays étranger : *Je suis citoyen romain : Sum civis romanus.* Aussi les législateurs de cette république qui, certes, valait bien

---

trouvé le sujet d'un beau paysage; plus tard, Meynier, artiste de talent, celui d'un tableau historique.

[1] M. Thiers, dans sa belle et courageuse défense de la loi du 31 mai, en se servant de l'expression de *vile multitude,* n'a fait qu'user d'une désignation familière aux écrivains des anciennes républiques : il n'a pas été au delà de l'*ignobile vulgus* des Romains.

la nôtre, avaient organisé le vote par curies,
de telle manière que le sort d'une loi fût dé-
cidé avant que les dernières classes eussent
émis leurs suffrages.

Le contraire se réaliserait, chez nous, si la
la loi du 31 mai était abrogée ou seulement
modifiée. Ce serait alors la classe des proprié-
taires et des hommes versés dans le maniement des affaires publiques, dont les noms
sortiraient en minorité de l'urne électorale.
Autant vaudrait soutenir que le gouvernement
d'une société doit appartenir aux bras et non
aux têtes dont elle se compose ! Une assemblée législative ainsi formée deviendrait un
fort inexpugnable où se retrancheraient les
ambitions n'ayant pour talent que leur audace,
ce qui, en fin de compte, aboutirait à une
épouvantable tyrannie ! Voulait-il autre chose
ce ministre qui[1], en 1848, invitait bravement
les électeurs à lui envoyer des députés sans
fortune et sans instruction ? Nous lui ferons
l'honneur de croire qu'avec un peu plus de

---

[1] Voyez les circulaires de M. Ledru-Rollin et du ministre de l'instruction publique.

réflexion, sa loyauté et son caractère d'honnête homme, auquel nous rendons hommage, eussent reculé devant le résultat possible d'une pareille injonction.

Il y aura bientôt quatre ans que nous avons vu une colonne de cent mille futurs électeurs en blouse, créés par la grâce du suffrage universel, faisant grève en attendant l'époque des comices, et qui, marchant par quatre et cinq de front sur les boulevards, s'avançaient de la barrière de l'Etoile, leur point de départ, vers l'Hôtel-de-Ville, pour y prêter l'appui effrayant de leur force au Gouvernement provisoire. C'était une démonstration à effet. Cependant à cet aspect un sentiment pénible oppressait les cœurs honnêtes. Les gens capables de réflexion se demandaient ce que la France allait devenir sous de pareils maîtres ? On voyait bien là une impulsion, mais rien pour la régulariser. Un tel levier était d'une si grande puissance que, par respect pour l'ordre social, la main même de Napoléon, dans des jours néfastes, avait refusé de s'en saisir.

Nous reconnaissons qu'une grande partie de ces électeurs, toujours en disponibilité à la voix de quelques hommes, perd son droit de vote en conséquence directe de la loi du 31 mai. Mais où est le mal, si l'Assemblée, issue des comices électoraux, se trouve composée de députés plus indépendants et plus intéressés à la garde de la vraie liberté ? La société cessera enfin d'être sur le *qui vive* ; les brouillons seuls regretteront de n'avoir pu former un parlement facile à jeter dans les voies extrêmes ; et on les laissera crier sur les toits, que le *principe* constitutionnel du suffrage universel est violé dans la personne de trois millions de citoyens dépouillés de leur droit électoral.

Sans examiner si, dans l'exacte acception du mot, les prétendus spoliés sont des *citoyens*, sans remarquer qu'en fait, il restera sur les listes plus de cinq millions d'électeurs, là où, dans les années précédentes, on en comptait à peine deux cent mille ; fouillons plus profondément dans la question qui s'agite et disons deux mots sur ce que l'on honore du nom de *principes*.

En religion et en morale, toute notre vénération leur est acquise ; en politique d'application, nous sommes plus difficiles. Dans cette catégorie, les seuls principes auxquels nous rendions hommage sont ceux par lesquels les sociétés se conservent. Quant aux autres, si nous les trouvons protégés par des lois existantes et confirmés par une longue épreuve, nous les respectons; mais cet appui venant à leur manquer, nous nous tenons pour quittes envers eux.

Le principe monarchique qui, représenté par une seule famille pendant près de dix siècles, a constitué la France dans une situation aussi glorieuse que prospère en Europe, a, dit-on, fini son temps. Comme preuve, on allègue que dans l'espace de soixante années il a été quatre fois renversé. Oui ! mais remarquez que sa chute n'a eu lieu qu'à la suite d'erreurs et de fautes capitales devenues des germes de révolte ; et n'oubliez pas qu'il a laissé toujours de tels souvenirs, que le peuple y est quatre fois revenu ! Par habitude, prétendra-t-on ? A quoi notre réponse est encore toute prête ; c'est qu'en fait de gouvernement, les anciennes habitudes, dont on s'est bien trouvé, sont encore quelque chose pour les peuples, quand ils ne peuvent sympathiser avec les constitutions nouvelles, dont on les enveloppe comme d'un vêtement incommode.

Ici se rencontre un argument péremptoire : des hommes, aussi énergiques que résolus, nous gratifièrent, en 1792, d'une république idole de leurs rêves et de leurs écrivains. Comment a-t-elle été renversée? Par eux-mêmes, par ses fondateurs! et les populations ont béni le jour de sa chute, car ce qui lui restait de vie après le 9 thermidor, était insignifiant. Il en est demeuré de tels souvenirs d'horreur que, pendant plus d'un demi-siècle, aucune tentative pour la relever n'a été suivie de succès. Après ce laps de jours, une seconde république improvisée a surgi avec la maladresse d'arborer, malgré la noble prosopopée de M. de Lamartine, les principaux insignes de la précédente, insignes auxquels elle ne pouvait échapper, sans renier ses dieux. De gré ou de force, il fallait qu'elle réhabilitât les images exécrées de Robespierre et de Saint-Just. Ses amis les plus nombreux ne frémissent-ils pas de colère et d'indignation, quand dans le Parlement on attaque, devant eux, ces puissances de l'Érèbe? Non contents de se déclarer socialistes, contre le texte précis de l'acte constitutionnel, ne se sont-ils pas baptisés du nom odieux de Montagnards, pour lequel ils veulent des respects ! Ils invoquent, sans fin, le *principe* de la souveraineté du peuple : mais le peuple, par ses quatre-vingts Conseils généraux sur quatre-vingt-six, leur répond en demandant à grands cris la révision de la Constitution.

Encore deux mots sur les principes :

Les Polonais avaient adopté pour principe constitutionnel une royauté élective et le *liberum veto* d'un seul de leurs magnats, qui pouvait suspendre toute une délibération. En vain on leur proposa des réformes ; sujet à des orages qui motivaient l'intervention des puissances limitrophes, ce gouvernement a péri ; événement qui a eu et qui conserve encore tous les caractères d'un malheur public ; car les tronçons épars de cette brave nation, depuis bientôt un siècle, s'agitent violemment en Europe pour se rejoindre.

Un orateur tristement célèbre [1] disait dans une Chambre française : « Périssent les co-

---

[1] Barnave.

lonies plutôt qu'un principe ! » Le principe a
prévalu, et nos deux plus belles colonies nous
sont échappées ; l'une même, à parler exac-
tement, a péri non-seulement pour nous, mais
encore pour elle-même.

Il est évident que la composition d'une
Assemblée démagogique, si elle n'était suivie,
chez nous, de toutes les horreurs d'une guerre
civile, nous jetterait au moins dans une guerre
étrangère dévoratrice d'hommes et d'argent.
Nous avons déroulé, sous les yeux du lecteur [1],
la série de catastrophes qui seraient la conséquence de cette guerre d'extermination. A
l'approche de tant de désastres, il nous semble d'avance entendre un de nos orateurs à
principes, s'écriant : «Vienne une destruction
« de notre commerce intérieur et internatio-
« nal, une suspension des grandes entreprises
« industrielles, une lutte sanglante entre
« les citoyens, une conflagration générale à
« laquelle nous aurions peine à échapper,
« après avoir allumé l'incendie de nos pro-
« pres mains! eh bien, périsse la France avec

---

[1] Voyez le premier chapitre de cet écrit.

« tous ses trésors de science et de beaux-arts !
« périssent, avec elle, les conquêtes de l'es-
« prit humain et d'une sage liberté, plutôt
« que le *principe* de la souveraineté du peu-
« ple dans sa folle exagération ! » On le trai-
terait d'insensé, à moins de l'être soi-même.

Nous tenons pour certain que la plus légère
atteinte portée à la loi du 31 mai 1850 aurait
des conséquences fâcheuses ; en refroidissant
l'estime acquise à la majorité de l'Assemblée
nationale, elle réchaufferait l'ardeur du parti
révolutionnaire. Que l'on imputât à la fai-
blesse ou à la lâcheté des amis de l'ordre le
succès obtenu par la Montagne, il se ferait un
allanguissement de l'opinion publique ; les
gens d'un caractère indécis, et qui sont toujours prêts à se tourner du côté où ils croient
que la force va se placer, parce qu'ils ne sen-
tent que trop le besoin d'un appui, au nom de
la prudence, deviendraient demi-socialistes,
demi-communistes. Pour mieux les allécher,
le tigre aurait l'adresse de retirer à lui ses
griffes ; les mots d'ordre seraient rédigés en
style humanitaire, et l'élection des représentants serait enlevée aux vrais patriotes, après

trois ans d'une lutte aussi noble que courageuse.

Le jour approche où les paroles mielleuses couleront à flots et où les promesses ne seront pas épargnées. Depuis l'origine des sociétés, les ambitieux de toute couleur ont eu recours à ce fonds inépuisable d'espérances trompeuses ; mais il est bon que le peuple sache, une fois pour toutes, qu'il n'appartient pas, même au meilleur des gouvernements, de dispenser à ses sujets [1] le bonheur et la richesse. Certes, il favorisera l'essor des dispositions natives de l'homme, en lui assurant le libre exercice de ses facultés individuelles, et la jouissance incontestée des fruits de son travail, ce qui nous semble assez important ; car Dieu, qui nous a retiré un Éden, a voulu, dans sa suprême sagesse, que chacun devînt ici-bas l'artisan de sa propre fortune. L'amour de l'ordre, les talents acquis par le travail, la modération dans les désirs, et les vertus domestiques, sont les seuls éléments d'une félicité terrestre, gage elle-même d'un meilleur

---

[1] Tout citoyen est *sujet* d'un État, quel qu'en soit le régime. Il lui doit soumission et fidélité : nous maintenons le mot.

avenir. Le reste, pour nous exprimer dans la langue de Michel de Montaigne, venant des orateurs républicains ou autres, n'est qu'une *piperie*, à laquelle les seuls niais se laissent prendre.

Pour en finir avec le prétendu *principe* du suffrage universel, réputé acquis, comme un droit, à ceux qui le perdent aujourd'hui en conformité de la loi très-sage du 31 mai 1850, nous répétons que, dans une société régulière, il ne peut exister de droits acquis contre le repos et le bonheur publics. L'ancienne Rome va répondre encore pour nous aux fiers républicains dont le sourcil se fronce en ce moment.

Captif chez les Carthaginois, le consul Régulus fut adjoint, par les suffètes [1], à la députation chargée d'aller demander à Rome l'échange des prisonniers faits dans les derniers combats ; on présumait que, s'il s'élevait quelques difficultés à cette occasion, elles seraient bientôt levées par la présence de l'homme consulaire qui avait un intérêt personnel à cet échange. Arrivé au sénat, Régulus s'exprima à

---

[1] Ils étaient à Carthage ce que les consuls étaient à Rome.

peu près en ces termes : « Pères Conscrits,
« nous n'avons, dans les prisons de Carthage,
« que des vieillards et des impotents presque
« incapables de rendre des services à la Ré-
« publique ; Rome, au contraire, a dans les
« siennes un nombre assez considérable de
« Carthaginois jeunes et aguerris dans les
« combats : je vote contre l'échange, comme
« étant préjudiciable à la République ; et
« je retourne à Carthage, ainsi que j'en ai
« donné ma parole. » Et il y retourna !
Nous n'approuvons pas, sans restriction, ces
paroles de l'austère consul ; nous nous bornerons à remarquer qu'ici deux principes
furent violés ; l'un, celui du droit naturel
de l'échange ; l'autre, celui de la pitié mé-
connue dans la personne de ces vieillards,
condamnés à mourir sur une terre étrangère
et peut-être au milieu des tortures ; tous deux
fléchirent devant la loi suprême de l'intérêt
public. Il y a, assure-t-on, des électeurs amis
de l'ordre injustement éliminés par la loi du
31 mai : qu'importe, s'il serait gravement
mis en péril par la masse de ceux qu'elle re-
pousse? Ils ne seront pas, comme Régulus,

renvoyés à Carthage ; l'urne électorale a, **pour eux,** moins d'attraits qu'un travail assuré et paisible ; nous n'aurons garde de les plaindre. Cette privation leur coûterait-elle beaucoup, nous leur répondrions par un seul mot : c'est qu'établir, dans un État quelconque, le suffrage universel, quand tout y est soumis à l'élection, autant vaut y constituer *les révolutions en permanence !*

VI

Des partis, et du légitimisme.

Lorsque les adversaires que nous avons en face, après avoir pratiqué des mines souterraines dans notre pays, sont parvenus à s'entendre, non-seulement d'une extrémité de la France à l'autre, mais encore avec les démagogues de toute l'Europe, lorsque, du rivage d'Albion, ils lancent sur le nôtre leurs manifestes en manière de fusées à la Congrève, il est douloureux de voir que la belle et noble majorité du parti de l'ordre, comme si elle se trouvait trop puissante contre l'ennemi commun, se partage sans but raisonnable et sans unité de vues. C'est un malheur de notre situation. Nous ne croyons même pas qu'il fût opportun d'y chercher un remède. L'essayer, serait sans doute d'un cœur droit et honnête ; mais nous dirons avec regret qu'en cela on méconnaîtrait trop les intérêts respectifs des partis, à une époque où, faute de fortes croyances, les partis n'ont plus que des intérêts.

Dans des proportions diverses, cinq classes de citoyens, avec des nuances assez caractérisées pour n'être pas confondues, se partagent l'opinion publique. L'une, soi-disant républicaine, est soumise au mouvement que lui impriment quelques fanatiques et un plus grand nombre d'hommes qui, ayant dissipé leur passé, jouent leur mince présent sur une carte, et attachent leur avenir aux succès des crises révolutionnaires. C'est la masse de l'armée ennemie, contre laquelle les quatre autres classes, par un instinct de conservation, se sont plus d'une fois ralliées dans un sage oubli de leurs prétentions personnelles.

Il est des républicains de bonne foi : nous aurions tort de ne pas en convenir ; naïfs admirateurs d'Athènes, de Sparte et de Rome ancienne, dont ils n'ont jamais compris le mécanisme intérieur, fondé sur le plus dur esclavage, en dehors duquel de semblables sociétés ne pouvaient subsister, philanthropes utopistes, ils s'imaginent, avec une admirable candeur, que, d'un coup de baguette, il est très-facile de changer les mœurs d'un peuple, de transformer un vieux royaume en une jeune république, de demander des Aristides et des Cincinnatus à la terre des Lauzun et des Richelieu, de se passer de luxe là où il forme la première richesse du pays, et de faire pousser des vertus sur un sol usé où il ne croît guère que des vices et des amours-propres, recouverts d'un peu de savoir-vivre. Ces honnêtes rêveurs n'ont jamais gouverné les hommes que sur le papier ; et, comme de raison, ils ne l'ont jamais trouvé rebelle à leurs théories ; incapables de faire le mal, en gémissant un peu, au bruit du tocsin d'un nouveau Septembre, ils le laisseraient faire ; n'en attendez pas davantage : on ne donne que ce que l'on a !

Viennent les impérialistes décimés par les ans, mais dont les grands souvenirs ont créé en France une atmosphère prestigieuse qui agit encore sur les populations. Devant elles, en effet, un nom n'a pas cessé d'être une puissance. Le péril de 1848 semble l'avoir suscité de la tombe où il sommeillait. Il a couru, il a volé de ville en ville, de clocher en clocher, comme l'aigle impérial élancé des rochers de l'île d'Elbe, pour s'abattre dans l'urne électorale de laquelle il devait bientôt sortir chargé des destinées de trente-six millions d'êtres à face humaine. L'espoir public n'a pas été déçu. Celui qui porte ce beau nom n'a pas oublié ce qu'il lui devait. Il est possible que ses désirs se bornent à une prolongation de pouvoir, ce qui assurerait le bénéfice du temps à des partis trop peu d'accord entre eux, pour qu'un seul puisse dire au pays : « Vous vivrez en paix « sous la protection de mon autorité incontes- « tée. »

Mais ne craindrait-on pas que l'habitude du pouvoir ne devînt, bientôt, un besoin impérieux de le consolider entre les mêmes mains? Exis- tât-il sans troubles, ne serait-il pas viager de sa nature? Sa fin ne nous attacherait-elle pas dere- chef à la roue sanglante des révolutions? S'il y a

quelque chose de mieux à faire pour la France
qui, après tant de tempêtes, demande un plus
solide abri, pourquoi ne le ferait-on pas? Certes,
la belle âme de Louis-Napoléon ne peut y ré-
pugner. Elle est capable de tout ce qui se présente avec un caractère de grandeur et de gé-
nérosité. On n'oublierait jamais que, depuis
son élévation à la présidence, il a gouverné le
pays avec sagesse; qu'il a proposé ou sanctionné
toutes les lois d'ordre; qu'il a attaché son sou-
venir à la plus belle page de notre histoire
triennale, en rétablissant le Saint-Père dans
la possession des Etats Romains, patrimoine
de la catholicité européenne, usurpé par une
bande de socialistes; qu'au moment où ces
lignes sortent tout humides de la presse, son
ministère poursuit et déjoue les complots sé-
ditieux, dont le réseau enveloppait déjà la
France! Homme d'honneur, il serait beau que,
fidèle à ses serments, il donnât l'appui de sa
force à la fondation d'un gouvernement plus
stable que celui dont le nom seul a jeté l'effroi
dans le monde civilisé. Un roi serait-il un jour
assis sur le trône de France, il y aurait encore
à décider qui serait le plus grand de celui qui

y siégerait ou de celui qui aurait refusé de s'y asseoir ! Une statue serait-elle élevée à la mémoire de Louis-Philippe qui l'a méritée par dix-huit années d'un règne de gloire et de raison, il y aurait encore à s'incliner devant celle que la reconnaissance publique ne manquerait pas de dresser à l'un des sauveurs de la patrie !

Restent à examiner deux partis, chez lesquels on suppose une similitude de prétentions et par conséquent des prétentions rivales. C'est à cette heure que nous allons marcher sur des charbons ardents ; nous le ferons avec courage, mais aussi avec les égards dus à de grandes situations qui appellent tous nos respects.

Sans méconnaître l'hérédité plus directe de l'un, nous croyons fermement à la *légitimité* de tous les deux, quelque différent qu'en soit le caractère. Abandonné de ses chefs par violence ou autrement, un peuple ne perd jamais le droit d'être préservé d'invasion, arraché à l'anarchie et gouverné pour le plus grand avantage de tous ; le pouvoir, qui s'établit alors par un consentement national, reçoit un sceau de légitimité ; il y a là un fait de volonté divine, la plus misérable existence ayant le droit et même le devoir de veiller à sa conservation. Nous ajouterons que la patrie sera toujours là où est le sol, car, pris dans un sens absolu, il est faux ce vers si souvent cité :

Rome n'est plus dans Rome, elle est toute où je suis.

La grande âme de Camille, proscrit par ses concitoyens, était sous l'empire de ce sentiment, lorsque, ne se croyant pas le droit de commander à des compatriotes errants qui, après la prise de Rome par les Gaulois, vinrent le prier de se mettre à leur tête, et sachant que les débris du Sénat tenaient encore dans le Capitole, il y fit parvenir à la nage un jeune soldat, lequel en revint muni d'un sénatus-consulte qui annulait le décret de proscription. Alors, seulement alors, Camille se crut autorisé à commander à une armée romaine qui, sous ses ordres, fut bientôt victorieuse de l'ennemi ! Quelle admirable nation, que celle où les femmes enfantaient de pareils hommes ! quelle grandeur était promise à la ville où régnait un pareil respect de ses lois ! Mais Rome avait alors un Sénat respecté, et ne comptait que quatre tribuns : en sommes-nous là ?

La France est donc en France ; elle n'a jamais été hors de France, et c'est en France que doivent se régler ses destinées, avec elle et par elle. L'empereur Napoléon et le roi Louis-Philippe ont été, par conséquent, aussi légitimes que Louis XIV et Henri IV. Comme l'ont dit le vainqueur d'Austerlitz et l'élu de 1830, ils n'ont usurpé que sur l'anarchie, et ce sera, pour tous deux, un beau titre de gloire. Certes, ils n'étaient pas des factieux ces soldats qui, rangés sous les drapeaux de Napoléon, ont promené ses aigles victorieuses dans toutes les capitales de l'Europe continentale ! Ils n'étaient pas des factieux ces fonctionnaires, ces magistrats, ces députés, ces pairs de France, ces conseillers d'État, ces administrateurs de tous grades qui, pendant dix-huit années d'un règne, peut-être moins brillant, mais plus utile à la patrie, ont servi la monarchie de Louis-Philippe !

A titre spécial et par droit de primogéniture, indépendamment de ses qualités personnelles, que personne ne révoque en doute, le comte de Chambord représente ce qu'une longue suite de rois, issus de l'antique race des Capet, as-

sura de grandeur, d'unité, de force et de considération à la France, depuis la fondation
réelle de la monarchie, jusqu'en 1789 ; les
fils du duc d'Orléans et leurs oncles, avec leur
noble lignée, rappellent les libertés acquises
au milieu des orages, l'invasion étrangère re-
poussée par des victoires, les progrès indus-
triels enrichissant notre commerce, les monuments sortis de terre par une sorte de pouvoir
magique, et les améliorations administratives,
qui ont fait de la France un ensemble aussi
compacte que respectable.

Le patrimoine que chacune de ces deux
branches, d'un même arbre, peut revendiquer
est immense ; leur réunion en accroîtrait le
prix. Pourquoi ces deux familles ne se ten-
draient-elles pas la main, pour signer ensemble l'alliance de l'ancien et du nouveau régime, d'un pouvoir redevenu constitutionnel et
des libertés publiques ? Pourquoi ?... Mais un
voile couvre encore leurs destinées et les nôtres ;
nous n'aurons pas la hardiesse de le soulever ;
ce sera probablement l'œuvre d'une force
qui ne tardera pas à se produire, car si un
accord désirable ne peut s'établir, sous nos

yeux [1], si des raisons dont il ne nous est pas permis d'apprécier la valeur, s'opposent à un rapprochement trop différé, croyons que le Ciel s'est encore réservé de jouer ici son rôle. Ce ne sera pas la première fois que Dieu, par un dénoûment imprévu dans les affaires humaines, aura exercé son droit d'apprendre au monde que toute puissance vient de lui, et que toute sagesse, en dehors de la sienne, n'est que mensonge. Le temps lui appartient; sur cette horloge éternelle, son doigt avance ou recule les heures à volonté; celle de son choix marche, et certes ce sera lui qui dira le dernier mot! N'a-t-il pas divers moyens de le faire arriver à nos oreilles? Qui sait s'il ne se propose pas, à notre défaut, de le placer dans la bouche même d'un peuple, sans doute las de toutes les indécisions à travers lesquelles on promène ses destinées, et auquel il aura rendu le sentiment de sa nationalité assoupie?

---

[1] Ainsi que l'adoption de la proposition de notre collègue Creton y conduirait infailliblement.

FIN.

TABLE DES MATIÈRES.